AF243445

ESQUISSE

BIOGRAPHIQUE ET BIBLIOGRAPHIQUE

SUR

CLAUDE LEJEUNE.

CLAUDE LE JEUNE
natif de Valenciennes
SURNOMMÉ
Le Phenix des Musiciens.
1598
En son esprit paroist le vif de son esprit.
Sa vraye forme ainsy se voit en son esprit.
Gravé par E. Villars.
Lith. B. Henry, à Valenciennes.

ESQUISSE

BIOGRAPHIQUE ET BIBLIOGRAPHIQUE

SUR

CLAUDE LEJEUNE,

NATIF DE VALENCIENNES,

SURNOMMÉ

LE PHÉNIX DES MUSICIENS,

COMPOSITEUR DE LA MUSIQUE DE LA CHAMBRE DES ROIS HENRI III ET HENRI IV.

Par Ernest BOUTON,

Membre correspondant de la Société d'Emulation de Cambrai.

Le beau idéal change tous les trente
ans en musique.

Valenciennes, 31 Juillet 1845.

VALENCIENNES.

IMPRIMERIE ET LITHOGRAPHIE DE B. HENRY, MARCHÉ AU POISSON.

1846

PRÉFACE.

A Messieurs les Membres de la Société d'Agriculture, Sciences
& Arts

De l'arrondissement de Valenciennes.

Messieurs,

Le Gouvernement s'occupe beaucoup aujourd'hui des
Monumens, souvenirs glorieux d'un passé dont ils
attestent la grandeur, mais il ne s'occupe pas assez des
Hommes qui ont vécu dans ce passé et qui, eux aussi,
sont des souvenirs qu'il serait utile d'exhumer. Des
Commissions instituées dans les divers Ministères et
composées des hommes les plus distingués par l'érudi-
tion historique ou par l'étude des arts, rassemblent et
examinent des informations, entretiennent des corres-
pondances, propagent le goût des recherches et ensei-
gnent à bien observer et à bien décrire les antiques
édifices de nos provinces. Une noble émulation, excitée
par le respect qui s'attache à ces restes des vieux tems
et sans doute aussi par le désir de conserver au pays
des ruines qui tendent chaque jour à disparaître, s'est
emparée de toutes les intelligences artistiques : Peintres,

Sculpteurs, Architectes, Poëtes, tous rivalisent de zèle et de talent pour maintenir debout, voire même pour faire revivre ces honorables débris des tems passés.

Au milieu de ce remarquable mouvement qui entraîne les hommes d'intelligence et de cœur vers l'appréciation et l'admiration des œuvres artistiques de nos ayeux, la Musique seule se voit délaissée. Tandis qu'on s'extasie devant un bas-relief mutilé, qu'on cherche à déchiffrer une inscription plus ou moins apocryphe, qu'on pleure de joie en contemplant une de ces naïves peintures qui remontent à l'origine de l'art et qui ne sont, après tout, qu'un affreux barbouillage, c'est à peine si l'on daigne s'informer si la Musique existait il y a plusieurs siècles et à quel degré de perfection elle était parvenue. On admire nos vieilles Basiliques, parce qu'elles sont encore debout, mais on ne s'inquiète pas des chants qui ont retenti sous leurs voûtes sacrées, parce que ces chants se sont éteints. Pour la Musique, le passé c'est l'oubli, pour les autres beaux-arts, le passé c'est la gloire.

Le Peintre voit ses tableaux se prélasser dans de beaux cadres dorés et tenir leur place dans nos Musées au milieu de la plus belle et de la plus noble compagnie; le Sculpteur voit ses statues s'élever sur les places publiques; pour lui le marbre n'a pas assez de blancheur, le bronze pas assez de durée; son nom vivra dans les siècles reculés aussi longtems que celui du héros dont il a reproduit les traits; enfin, l'Architecte voit se dresser devant lui ces admirables cathédrales, ces temples immenses, ces monumens grandioses, devant lesquels pas-

sent, en se découvrant, des générations entières...... Peintre, Sculpteur, Architecte, chacun peut se dire avec satisfaction en léguant ainsi à l'avenir les fruits de ses veilles, non omnis moriar...! Il n'en est point ainsi du Musicien! Pour lui, le présent seul existe, car, le plus souvent, sa renommée ne franchit pas les bornes de son existence.

Un grand Musicien meurt; pendant sa vie le monde a retenti de son nom et de sa gloire; à sa mort que reste-t-il de tout ce bruit? Un écho qui s'affaiblit de jour en jour et quelques œuvres enfouies dans une bibliothèque d'élite, vaste cimetière où vont seuls fouiller ces animaux carnassiers qu'on appelle Biographes. Et puis, dans cette bibliothèque, le vieil ouvrage est bientôt oublié; le Bibliomane a pris soin peut-être de l'enchasser dans une belle reliure comme une sainte relique dans sa fierte, mais, comme elle aussi, il la dérobe à l'œil des profanes et ne la montre que dans les grandes circonstances. Napoléon vit tomber devant lui la pierre qui scellait le tombeau de Charlemagne, il n'eût peut-être pas décidé un Bibliomane à lui montrer un ouvrage de Claude Lejeune.

Parlez à la génération actuelle des Jacques de Guyse, des Jean et Louis De la Fontaine, des d'Oultreman, des Froissart, des Simon Leboucq, des Watteau, des Pater, des Olivier Lemay, des Saly, des Gilis, aucun de ces noms ne lui est inconnu; elle les redit avec gloire et les lit avec orgueil au front de nos rues et de nos places publiques; parlez-lui des Claude Lejeune, des

Maillart, des Bertaut, des Janson et autres célèbres Musiciens Valenciennois, c'est à peine si elle connaît ces noms-là !

Cet oubli, cette injustice même nous ont décidé, non à réhabiliter nos Musiciens Valenciennois, (ils n'en avaient pas besoin), mais à faire revivre leur mémoire.

Cette esquisse, que nous vous adressons, Messieurs, est un jalon planté dans ce champ de consciencieuses recherches. Ce que nous tentons pour l'un de nos Musiciens, que d'autres le fassent mieux pour nos Peintres, pour nos Sculpteurs, pour nos Historiens, enfin pour tous les hommes célèbres (et le nombre en est grand) qui ont illustré Valenciennes, et bientôt nous verrons surgir une Biographie Valenciennoise qui ne sera pas un des fleurons les moins brillans de la couronne de notre belle cité.

L'Auteur.

Valenciennes, le 31 Juillet 1845.

ESQUISSE

BIOGRAPHIQUE ET BIBLIOGRAPHIQUE

SUR

CLAUDE LEJEUNE,

de Valenciennes,

CÉLÈBRE MUSICIEN DU XVIe SIÈCLE.

« Ceux - ci (les Flamands) sont les vrays maistres
« de musique, et ceux qui l'ont restaurée et réduicte à
« perfectió : d'autant qu'ilz l'ont tant propre et natu-
« relle, que hommes et femmes chantent naturellement
« à mesure, auec très belle grace et mélodie, au moyen
« de quoy, conjoignant l'art à la nature, font telle preuue
« et armonie qu'*on voit* et *oit; et s'en trouue tousiours*
« *par toutes cours des Princes de la Chrestienté.*

      « GUICCIARDINI. »

« Qu'est - ce que la postérité pour un compositeur ?
« Où commence - t - elle ? Où finit - elle ? Jusqu'à quel
« point le *beau absolu,* en musique, est-il séparable de
« *ce beau relatif* qui tient aux goûts particuliers de
« chaque génération et qui disparaît avec elle ? Quel
« compositeur peut se flatter de vivre, je ne dis pas
« chez les érudits, mais dans les masses, cent ans de
« plus que tel chanteur, dont la voix a popularisé ses
« inspirations ?...
« Le tems qui dévore tant de gloires est insatiable de
« gloires musicales : *Ici la fragilité est en proportion*
« *même de l'éclat.* »

      (Notice sur Rossini.)

Lorsque Guichardin , malgré sa prévention contre
tout ce qui n'était pas italien , posait ainsi la couronne
musicale au front des artistes Flamands , il ne faisait
qu'accomplir un acte d'éclatante justice , nous dirons
presque de reconnaissance. Il n'avait , comme il le dit
naïvement, qu'à *voir et entendre* : en effet, à Rome, à

Naples, à Venise, à Crémone, à Padoue, à Munich, à
Paris, dans les chapelles des papes, à la cour de tous
les princes de la chrétienté, on retrouvait partout nos
illustres compatriotes, justement surnommés *les Pa-
triarches de la Musique*. Ils vivaient, eux les princes
de l'art, dans l'intimité des princes de la terre, et pro-
diguaient les trésors inconnus de leur harmonie en
échange des honneurs dont on les comblait, des titres
qu'on leur octroyait.

Après une assez longue enfance [1], la Musique obtint
de grands encouragemens à la cour des ducs de Bour-
gogne. Elle avait fait d'assez grands progrès au XVe
siècle, pour que l'Italie, où l'art était beaucoup moins
avancé, voulût s'enrichir des compositeurs de l'Ecole
Flamande. C'est ainsi que Dufay, Gilles Binchois,
Dunstable, Caron, Regis, Brasar et autres musiciens
Flamands, qui vivaient dans la première moitié du
XVe siècle, donnèrent une grande impulsion à l'art du
contrepoint et furent les premiers de cette Ecole célèbre
d'où sortirent bientôt les Jean Tinctor, dit *Teinturier*[2],

[1] J.-B. Roquefort.—J.-A. Perotti *(Dissertation sur l'état actuel
de la Musique en Italie.)*

[2] Voici ce qu'en dit Guichardin : *Jean Teinturier* était premier
chapelain et chantre de Ferdinand, roi de Naples; il a été placé
par Trithême au rang des hommes illustres par son savoir, par
ses écrits et pour avoir été bon peintre et excellent musicien. On
peut ajouter à cela qu'il fut un des premiers fondateurs de l'École
de Musique à Naples.

Foppens nous apprend qu'il florissait en 1495 et qu'il écrivit
trois livres sur l'art du *contrepoint*.

Dans le *Dictionnaire des Musiciens*, à l'article Jean *Tinctor*,
article fort étendu, on lit qu'il est auteur du *premier* ouvrage

de Nivelles en Brabant, qui devint maître de chapellé
du roi de Naples Ferdinand ; les Josquin Desprez [1],
qui, après avoir été Doyen du chapître de Condé, puis
chanteur à Rome, fut nommé maître de chapelle de
Louis XII ; les Obrecht, les Jean Ockenghem, né en
Hainaut, qui fut trésorier de St-Martin de Tours et
qui passa pour le plus célèbre musicien du règne de
Louis XII ; les Adrien Willaert [2] et Jean Mouton, tous
deux dignes élèves de Josquin Desprez, Willaert qui
devint maître de chapelle de la république de Venise et
qui eut l'honneur de fonder l'École Vénitienne, tandis
que, quelques années plus tard, C. Porta, son élève,
fondait celle de Lombardie, et Jean Mouton, dont on

imprimé sur la musique ; cet ouvrage, qui est sans date, est
intitulé : *Terminorum musicæ definitorum ;* on prétend qu'il est de
1479, ce serait le plus ancien connu. Ce qui nous porte à croire
que cette date est assez exacte, c'est que Franchino Gaffurio,
l'un des *élèves* de Jean Teinturier, développait de 1498, les principes posés par son illustre maître, dans un ouvrage intitulé :
De praticâ musicæ.

[1] *Josquin Desprez* fut enterré à Bruxelles, dans l'église de
Ste-Gudule. Foppens rapporte son épitaphe telle qu'on la lisait
avant que les Iconoclastes ne l'eussent brisée : « Il pouvait, dit
« Fink, être vraiment appelé *le Père des Musiciens.* Il surpassa
« tous les autres maîtres en habileté et en agréments, mais il est
« un peu nu dans sa composition ; et quoiqu'il fût très adroit à
« manier la fugue, il se servit trop souvent de la pause. » *(Voyez
dans le Dictionnaire des Musiciens,* les articles très étendus sur
Fink et J. Desprez.)

[2] *Adrien Willaert* eut pour élève Joseph Zarlino qui fut maître
de chapelle à l'église Saint-Marc de Venise. Burney, dans son
Histoire de la Musique, prétend que c'est à lui que l'on doit l'in-
vention du canon........ en musique, que Matcheson, dans son
Parfait Maître de Chapelle, attribue à Bird. (*V. Dictionnaire des
Musiciens.*)

chante encore aujourd'hui des Noëls et des chansons vulgaires[1]. et qui fut maître de chapelle de François Ier. Nous pouvons encore citer les Richefort, les Verdelot, les Gombert[2], les Crequillon et tutti quanti dont les noms seuls nous sont restés. Puis, en entrant plus avant dans le XVe siècle, nous voyons apparaître Philippe Du Mont ou de Monte[3], qui fut maître de chapelle de Maximilien II et de Rodolphe II; Chrétien Holland, qui était musicien de l'empereur Ferdinand Ier; le célèbre et fécond Roland de Lattre, d'abord musicien de Ferdinand de Gonzague en Sicile et à Milan, puis maître de la chapelle de St-Jean de Latran à Rome, que l'empereur Maximilien II de Bavière ennoblissait plus tard, et que Charles IX voulait attirer à sa cour; Pierre Maillart, de Valenciennes, chantre et chanoine de l'église cathédrale de Tournay, auteur d'un Traité qui fait encore aujourd'hui l'admiration des compositeurs; enfin celui que ses contemporains surnommèrent : LE PHÉNIX DES MUSICIENS, *Claude Lejeune*, aussi de

[1] *Dictionnaire des Musiciens.*

[2] *Nicolas Gombert* était encore un des élèves de Josquin Desprez. Il a montré à tous les compositeurs la manière de trouver des fugues et tous les tours imaginables; il a fait entendre une musique tout-à-fait différente de celle de ses devanciers. (*V. Dictionnaire des Musiciens.*) Ses œuvres ont été imprimées à Venise.

[3] Ce musicien était de Mons; c'est sans doute à cause de son nom que Laborde le place parmi les compositeurs italiens; c'est une erreur. Qui ne sait qu'anciennement (et cela ne se passe-t-il pas encore de nos jours), on défigurait son nom, soit pour se donner un air de science, soit pour plaire au peuple au milieu duquel on vivait. Roland de Lattre ne se fit-il pas appeler *Orlando di Lasso*?

Valenciennes, qui fut peut-être le premier qui intro-
duisit le violon en France [1], et qui, pendant plus de
vingt années, vécut à la cour avec le titre de Compositeur de la musique de la chambre des rois Henri III et
Henri IV.

Ainsi nous voyons cette célèbre Ecole Flamande, à
la tête de la quelle vient se placer Dufay, se perfection-
ner sous Jean Teinturier, s'agrandir et couvrir l'Europe
sous Josquin Desprez et sous Willaert, se maintenir
sous Roland de Lattre et Claude Lejeune, et s'acclima-
ter en Italie, où Palestrina, *qui était venu lui-même
étudier en France* sous Claude Goudimel [2], fonde enfin
cette brillante école de mélodie dont l'éclat n'a fait que
s'accroître de jour en jour.

Le XVIe siècle fut l'époque la plus brillante pour
l'Ecole Flamande. Les chapelles des papes et des princes
d'Italie étaient remplies de compositeurs et de chanteurs
flamands et picards [3]. La musique des compositeurs
français et flamands était chantée par toute l'Italie et
même à Rome. On tirait encore de ces deux pays des
professeurs que l'on mettait bien au-dessus des ultra-
montains. Malheureusement avec le XVIe siècle aussi
commence à pâlir cette brillante auréole de gloire,

---

[1] Le violon fut introduit en France sous le règne de Charles IX.

[2] C'est à tort que l'auteur de la notice sur Palestrina, dans la
Biographie universelle, dit que « né de parents pauvres, Palestrina
« obtint d'un maître *flamand* quelques leçons de musique.... »
Celui que l'on surnomma *le Prince de la Musique* eut pour premier et seul maître Claude Goudimel, l'un des plus célèbres musiciens du XVIe siècle, qui était né à Besançon vers 1520.

[3] Roquefort. — J.-A. Perotti.

météore lumineux qui éclaira notre beau pays pendant près de deux siècles et qui attira les regards et l'admiration de l'Europe intelligente.

Les troubles politiques, les guerres de religion, les malheurs de toutes espèces qui désolèrent bientôt la Flandre, empêchèrent les Flamands de continuer à protéger et à encourager les Beaux - Arts. Aussi, la Flandre, dont les enfans avaient fondé les écoles d'Italie, resta-t-elle alors considérablement en arrière ; elle ne produisit bientôt qu'un très petit nombre d'artistes, dont les plus vantés avaient à peine atteint la médiocrité. Pendant ce tems la musique se perfectionnait en Italie ; la pratique soumise aux lois de la théorie, faisait naître la Didactique, ou l'art d'observer et de réduire en principes les opérations du génie. Plusieurs auteurs s'élançant dans la carrière, se montrèrent dignes de la parcourir et reculèrent les bornes de l'art ; bientôt ils surpassèrent leurs maîtres et les firent oublier entièrement......

De Palestrina, l'élève du français C. Goudimel, à l'auteur de *Guillaume Tell*, quel intervalle à franchir ! Cette opinion que le beau idéal change tous les trente ans en musique serait-elle donc une vérité ?

On dira peut-être que nous nous éloignons à plaisir du but que nous voulons atteindre et que, pour parler de l'artiste célèbre qui est une des gloires, si nombreuses mais malheureusement trop inconnues, de notre cité, nous pouvions nous dispenser de passer en revue le bataillon serré des grands musiciens de l'Ecole Gallo-

Belge, école qui étendit si loin ses ramifications....—
Et pourquoi, puisque l'occasion s'en présente, ne cher-
cherions-nous pas à glaner dans un passé aussi riche?
Pourquoi n'évoquerions-nous pas des souvenirs aussi
glorieux? Pourquoi enfin ne remettrions-nous pas en
lumière un des plus brillans joyaux de la couronne
artistique de notre belle patrie?

Cette digression, un peu longue peut-être, trou-
vera son excuse dans notre amour pour le sol qui nous
a vu naître.

Maintenant, arrivons à l'artiste célèbre qui doit seul
désormais nous occuper.

Claude ou *Claudin* LEJEUNE, naquit à Valenciennes.
Quelle est la date précise de sa naissance? Quelle est
celle de sa mort? Quel est son véritable nom de famille? Ce nom était-il *Claude* ou *Claudin* et les mots
Le Jeune n'étaient-ils qu'un adjectif placé après son
nom pour le distinguer de l'ancien Claude de Sermisy,
maître de chapelle de François Ier. Les écrivains qui
se sont occupés de cet artiste ne sont pas d'accord sur
toutes ces questions, mais ils sont unanimes sur ce
point, à savoir qu'il vit le jour à Valenciennes. Aucune
discussion sérieuse ne pourrait d'ailleurs s'élever à cet
égard; car la plupart des ouvrages connus et imprimés
de ce célèbre compositeur et dont nous donnerons plus
loin la nomenclature, portent textuellement : par Claudin ou Claude Le Jeune, *natif de Valenciennes.* Voilà
donc un fait acquis; celui que ses contemporains, au

milieu de cette pleïade de musiciens célèbres, surnommaient *le Phénix des Musiciens*, était un enfant de notre cité.

Quelle est la date précise de sa naissance ?

Cette question est plus difficile à résoudre ; nous dirons même qu'il nous paraît impossible d'y répondre d'une manière satisfaisante, car les documens officiels manquent[1]. M. Fétis, dans son remarquable *Mémoire sur les Musiciens Néerlandais*, dit que C. Lejeune vit le jour vers 1528 ; mais, rectifiant cette première allégation dans sa *Biographie des Musiciens*, il dit qu'il paraît plus vraisemblable qu'il naquit vers 1540.

Pacquot, dont l'exactitude est connue, dit dans le premier volume de ses *Mémoires Littéraires*, en parlant de notre concitoyen : « Claudin Le Jeune, excellent « violon du XVI siècle, né à Valenciennes, vécut en « France du tems de François I. » A ce sujet, M. Fétis prétend que Pacquot est dans l'erreur, et cependant, en acceptant l'une ou l'autre des dates auxquelles il fait remonter la naissance de Lejeune, soit 1528, soit 1540, il n'en reste pas moins prouvé que cet artiste vivait du tems de François I. Nous dirons toutefois, avec M. Fétis, et nous le prouverons plus loin, que Varillas s'est étrangement trompé lorsqu'il a dit dans son *Histoire de Charles IX* : « Mandelot se mit inuti« lement en devoir d'empêcher à Lyon le massacre de « 1,300 calvinistes, et surtout de l'incomparable mu-

[1] Les registres de l'État–Civil de Valenciennes ne remontent guères qu'à 1560, encore sont–ils incomplets.

« sicien Goudimel, connu sous le nom de *Claudin*
« *Lejeune....* » [1]

Quelques auteurs ont aussi confondu Lejeune, dési-
gné seulement par le nom de *Claudin*, avec Claude de
Sermisy, maître de chapelle de François Ier, dont les
compositions sont placées sous le seul nom de Claudin
dans *les Chansons musicales à quatre parties*, publiées
par Attaignant, en 1529 et 1530 [2], mais l'erreur est
plus grande encore, car si les productions de Claudin
Lejeune avaient été recueillies déjà dès 1529, il n'aurait
pu être, soixante-neuf ans plus tard, en 1598, compositeur de la musique de la chambre du roi Henri IV.

Des deux dates posées par M. Fétis, la première,
1528, nous paraît se rapprocher davantage de la vérité ;
voici sur quoi nous basons notre opinion : Roland de
Lattre, le contemporain de Claude Lejeune, avait été
appelé, vers 1557, à la cour du duc Albert de Bavière.
Il mit en musique pour ce prince, les sept Psaumes de
la Pénitence. Cet ouvrage parut tellement admirable
au duc qu'il voulut le conserver dans sa bibliothèque et
qu'il en fit faire un manuscrit qui passe pour un des
plus beaux et des plus riches que l'on connaisse. Dans

---

[1] Claude Goudimel, né à Besançon (voir la note 2e, page 5),
suivit les opinions des réformés et mit en chant les Psaumes de
Bèze et de Marot. Il se retira à Lyon quelques jours avant la
St-Barthélemy ; mais il y fut découvert par des assassins et jeté
dans le Rhône, vers la fin d'Août 1572.

(Biographie universelle.)

[2] Voir le remarquable article sur C. Lejeune par M. Fétis,
dans la *Biographie des Musiciens*, à laquelle nous aurons souvent
recours dans cette esquisse.

ce magnifique manuscrit, que l'on peut voir encore aujourd'hui dans la bibliothèque royale de Munich[1], on trouve (T^e II, p. 186), une belle miniature représentant la chapelle du duc Albert. Au milieu de cette chapelle sont beaucoup d'hommes et de jeunes gens qui chantent (ce sont les musiciens de la cour). La plupart portent des marques distinctives et des rubans sur la poitrine, ce sont ceux qui composaient la chapelle du duc. Au bas du tableau se trouve cette inscription : « *Sicut in fabricatione auri signum est smaragdi, sic* « *numerus musicorum in jucundo et moderato vino,* » et, plus bas, on peut lire une liste de vingt-sept noms qui se rapportent à vingt-sept des personnages qui figurent dans cette miniature. Tous ces noms sont ceux d'artistes-musiciens célèbres, la plupart contemporains. Parmi ces noms nous voyons avec orgueil figurer ceux de Obrecht, Adrien Willaert, Clément Jannequin, Verdelot, Nicolas Gombert, Richefort, Créquillon, Ockenghem, Pierre De le Rue, *etc.*[2], musiciens

---

[1] Notice biographique sur *Roland de Lattre*, par H. Delmotte, de Mons.

[2] Voici, par ordre numérique, la liste complète de ces musiciens célèbres : 1. Jacobus Obrech, — 2. Josquinus Prat (Desprez), — 3. Johannes Mattlot, — 4. Adrianus Willaert, — 5. Clémens Jannequin, — 6. Cyprianus Rore (ou Roze, ou de la Rosée), — 7. Léo Papa, — 8. Certon Werdelot, — 9. Nicolaus Gombert, — 10. Johannes Richefort, — 11. Thomas Créquillon, — 12. Johannes Ocxenheim (Ockenghem), — 13. Ludovicus Senfel. — 14. Antonius Brumel, — 15. Thomas Nozler, — 16. Sandrin, — 17. Henricus Isaac, — 18. Petrus De le Rue, — 19. Christoph. Moralis, — 20. Petrus Mancicourt, — 21. Lupus Lupi. — 22. Johann. Courtois, — 23. Scheceonius Episc., — 24. Clémens non Papa, — 25. Claudin Le Jeune, — 26. Erasmus Roterodamus, — 27. Orlando de Lassus.

flamands. Le nom de Claudin Lejeune y est inscrit sous le n° 25, celui de Roland de Lattre sous le n° 27 et dernier. Une légende porte cette inscription : « *Auctores* « *musici præcipui et excellentissimi.* » Ce manuscrit porte la date de 1565, mais, au dire de Georges Poelchau, qui a mis ces Psaumes de la Pénitence en partition, la confection de ce beau manuscrit ayant demandé six années de travail, il est juste de reporter à l'année 1559 l'idée qui a présidé à la disposition de cette miniature. Or, si l'on veut soutenir que la date de la naissance de Claude Lejeune ne remonte pas au-delà de l'année 1540, il faut dire que, dès l'âge de dix-neuf ans, la réputation de notre concitoyen était si universellement établie, qu'on le jugeait déjà digne de figurer au milieu des gloires musicales du passé et du présent. Cela n'est pas probable, car, au XVI° siècle, les réputations ne s'improvisaient pas comme elles s'im-provisent de nos jours ; les communications étaient lon-gues et difficiles, et les artistes n'avaient pas les mille voix de la presse pour faire redire leurs noms d'un bout du monde à l'autre ; on n'avait pas encore inventé à cette époque les enfans-prodiges ; il fallait enfin qu'une réputation fût consacrée par le tems pour que l'on crût à sa valeur et à sa durée.

Voici une autre preuve à l'appui de cette opinion : Dans un des ouvrages de Claude Lejeune, imprimé en 1598, on trouve le portrait gravé en bois de l'auteur ; la tête est chauve et la barbe blanche ; ce portrait est celui d'un vieillard, d'un septuagénaire. Il est donc plus probable que Claude Lejeune naquit à Valenciennes, vers 1528.

Quelques auteurs, ainsi que nous l'avons dit plus haut, ne sont pas d'accord sur le véritable nom de famille de l'artiste qui nous occupe. Aucune incertitude ne pouvait cependant exister à ce sujet : *Claudin*[1] n'était que le prénom et *Lejeune* le nom de famille du compositeur, car le premier n'est mis qu'en abrégé au titre de la plupart de ses ouvrages, par exemples : *C.*, *Cl.* ou *Claud.*, tandis que l'autre est entier ; et, ce qui est plus décisif encore, les Psaumes de Claudin, publiés en 1608, après sa mort, sont dédiés par sa sœur au duc de Bouillon, prince de Sedan, qui signe son épitre dédicatoire : Cécile *Lejeune*. D'ailleurs, Thomas d'Embry ou d'Ambry, ami de ce compositeur, s'est servi du nom de *Lejeune* dans une *Ode sur la Musique* de son ami, placée en tête du recueil de morceaux de ce compositeur, intitulé *le Printems*. Il y dit :

> « *Lejeune* a faict en sa vieillesse
> « Ce qu'une bien gaye jeunesse
> « N'auseroit avoir entrepris. »

Et les éditeurs de ce recueil s'expriment ainsi, dans leur avis au lecteur : « Je t'ay bien voulu advertir que « l'intention de Messieurs de Baïf et *Lejeune*, estoit « de faire imprimer ces vers mesuréz en l'ortographe « propre, etc[2]. »

---

[1] *Biographie des Musiciens*, par FÉTIS.

[2] On lit dans la *Biographie universelle*, à l'article Baïf : « Bien « que ce ne soit pas lui qui ait eu le mérite assez frivole de com-

Il est probable que Claude Lejeune passa les premières années de sa vie à Valenciennes; mais où reçut-il les premières notions d'un art qu'il devait pousser si loin? Où fit-il ses premières armes? A quelle époque quitta-t-il notre pays? Alla-t-il, lui aussi, avec les Adrien Willaert, les Jean Mouton, les Philippe du Mont, les Roland de Lattre, porter sous le beau ciel de l'Italie la science qu'avait su faire éclore le ciel brumeux de la Flandre? La chapelle de Pie V retentit-elle des accords merveilleux de son violon? Les voûtes des vieilles basiliques retentirent-elles de ses motets?.... Nous ne répondrons qu'un mot à cette dernière question, c'est que Claudin Lejeune avait embrassé avec ferveur la religion réformée et qu'on ne connaît de lui qu'une seule *Messe* à cinq et six voix. Cette œuvre était sans doute composée lorsque C. Lejeune se laissa entraîner par le torrent de la Réforme; elle ne fut publiée qu'après sa mort; elle avait été trouvée dans ses papiers.

En l'absence de tout document authentique, nous en sommes réduit à glaner dans le vaste champ des conjectures et à demander aux probabilités une lumière que nous avons vainement cherchée ailleurs.

Nous avons dit que C. Lejeune avait embrassé la religion réformée. Dans un manuscrit que nous avons

« poser dans cette langue des vers *mesurés* à la manière des Grecs
« et des Latins, cependant, se faisant honneur de cette invention,
« il donnait aux vers de ce genre le nom de *Baïfins*. Il employait
« un alphabet bizarre formé de dix voyelles, dix-neuf consonnes,
« onze diphthongues et trois triphthongues. Son *orthographe*
« n'était pas moins singulière. »

sous les yeux et qui parle des *Troubles advenus en la ville de Valentiennes par l'introduction de l'Hérésie*, vers le milieu du XVIe siècle, nous trouvons, dans une longue liste de riches et notables bourgeois contre lesquels une sentence de bannissement avait été rendue à l'occasion de ces troubles, en 1568, nous trouvons les noms de Hugues *Le Jeune*, tanneur, propriétaire d'une hôtellerie qui était située en la rue Tournaisienne et qui portait pour enseigne : *A l'Ours*[1]; Jean et Thierry *Le Jeune*, ses fils, et Géry *Le Jeune*, aussi tanneur, demeurant à l'hôtellerie de *La Hure*. Cette famille des Le Jeune avait non seulement embrassé le nouveau culte avec enthousiasme, mais elle s'était en quelque sorte placée à la tête des plus turbulens de la cité ; c'est ainsi que, lors de la reprise de cette ville par les Espagnols, le 29 Mai 1572, dit ce manuscrit, « Pour « augmenter la frayeur, l'hoste du logis de *l'Ours*, en « la rue Tournisienne (l'un des principaux *Gueux*[2] de « la prise de la ville) mit le feu luy-mesme à son logis, « avant s'enfuir hors de la ville.... » Enfin, dans le pardon octroyé par Philippe II, de sanglante mémoire, Hugues et Géry Le Jeune, les *hostes* de *l'Ours* et de *la Hure*, furent exceptés ; ils durent alors s'expatrier.

De ce que Claudin Lejeune avait, lui aussi, embrassé la religion réformée, nous ne tirons pas la conséquence

---

[1] Il y avait encore, il y a quelques années, un hôtel situé dans cette rue, qu'on connaissait sous le nom de : *Hôtel du Petit Ours*.

[2] Les protestans des Pays-Bas étaient désignés par le nom de *Gueux*, comme ceux de France par celui de *Huguenots*.
(Bentivoglio.)

qu'il était l'un des membres de cette famille ; nous nous bornerons à faire remarquer cette coïncidence, laissant à la sagacité de nos lecteurs, en l'absence de pièces authentiques, le soin de rapprocher cette double circonstance et de l'interpréter selon leur bon plaisir.

Dirons - nous avec quelques biographes modernes [1] que « c'est peut-être à la fondation du *Salut de Saint-* « *Pierre* ou à celle de *Jacquemart le Vayrier* qu'il « dut ses premiers succès.... » ou mieux, qu'il alla puiser ses premières leçons.....? [2] »

Claude Lejeune fit-il partie de ce corps de musiciens au sein duquel on n'admettait que des artistes distingués ? Allait-il recevoir, chaque soir, le *plommot* (jeton de présence, en plomb d'abord puis en cuivre, aux armes de la ville), que l'on échangeait « tous les demi- « an chez le recepveur commis pour ledit salut » contre de belles et bonnes livres ?... Ici encore le champ est ouvert aux conjectures. Ce que fit Claude Lejeune depuis le jour de sa naissance, ce qui détermina sa vocation, quels furent ses maîtres, quel fut le théâtre de ses premiers essais, où et comment il acquit le sur-

---

[1] *Petites Affiches de Valenciennes*, 1822.

[2] On trouve dans l'*Histoire Ecclésiastique* de Simon Leboucq que, déjà en 1575, on chantait tous les jours à la chapelle S^t.-Pierre un *Salut* en musique ; et cet auteur déclare qu'il n'a pas pu découvrir le titre constitutif de ce Salut, ce qui fait présumer qu'il est beaucoup plus ancien : en effet, par la résolution du Conseil particulier tenu le 24 Avril, il a été ordonné de payer aux Musiciens, les années 1575 et 1576 à l'avant, *comme ils avaient eu du passé*.

nom de *Phénix des Musiciens*, enfin ce qu'il devint depuis le jour où nous le quittons enfant pour le retrouver, en 1581, compositeur de la musique de la chambre du roi Henri III, nous avouons en toute humilité que nous n'en savons rien, parceque, malgré les recherches les plus consciencieuses et les plus actives, nous n'avons rien découvert à ce sujet. Nous aurions pu, sans doute, à l'imitation de De Thou, brocher sur notre jeune concitoyen un fac-simile de l'histoire merveilleuse que cet historien écrivit à l'endroit de Roland de Lattre et dire « qu'étant encore « enfant, Claudin eut le sort de tous les enfans dont « la voix est rare, qu'il fut enlevé... » Cela eût été beaucoup plus poétique, plus romanesque, mais malheureusement cela n'eût peut-être pas été plus vrai pour Claudin Lejeune que pour son contemporain et ami Roland de Lattre. Recherchant avant tout la vérité et l'exactitude, nous préférons avouer tout simplement que, sans la découverte du manuscrit déposé dans la Bibliothèque royale de Munich, dont nous avons parlé plus haut et qui nous fait connaître que, dès 1559, Claudin Lejeune avait déjà sa place marquée parmi les musiciens les plus célèbres du XVIe siècle, nous aurions ignoré qu'il eût existé jusqu'au moment où il paraît tout-à-coup avec tant d'éclat à la cour de Henri III. Dès cette époque, l'incertitude cesse, les renseignemens authentiques abondent, et nous pouvons, pièces en main, revendiquer pour lui la part de gloire qui lui appartient, et dire enfin aux enfans de la Flandre :

Place au célèbre Claude Lejeune ! Salut au Phénix des Musiciens !

Bien que ce ne soit qu'en 1581, comme on le verra plus tard, que Claude Lejeune se montre à nous d'une manière certaine et authentique, alors qu'il était attaché à la cour de Henri III, il paraît cependant incontestable que, bien avant cette époque, cet artiste était déjà connu par ses compositions. D'abord le titre même de ses ouvrages, dont nous donnerons plus loin la nomenclature, vient à l'appui de notre opinion : sur onze ouvrages connus, quatre seulement portent cet intitulé : par *Cl.* LEJEUNE, *compositeur de la musique de la chambre du roy;* et puis cet artiste s'était jeté corps et âme dans la Réforme; contemporain, ami de Baïf et de Théodore de Bèze, il avait mis en musique les Psaumes de David, ces psaumes que les Calvinistes chantaient en marchant au supplice; ces œuvres virent donc le jour avant le *Ballet* dont nous parlerons bientôt et qui a pour nous une date certaine.

En 1581 donc, Claudin Lejeune était à la cour du roi Henri III. Il écrivit alors de la musique pour les nôces d'un des mignons du roi, le duc de Joyeuse, avec Melle Marguerite de Lorraine, sœur de la reine. Ici cependant les auteurs ne sont pas d'accord. On lit dans l'*Histoire de la Musique* par Bonnet, que le 15 octobre 1581, la reine, par complaisance pour le roi et pour faire honneur au mariage de sa sœur, donna une grande fête dans le Louvre, où l'on représenta un ballet de *Cérès et de ses Nymphes*, qui parut fort nouveau, avec

une grande musique composée par Claudin, *le plus
fameux musicien qu'on eût encore vu en France.* D'autre part, nous lisons dans la *Biographie universelle,* à
l'article *Baltazarini,* musicien italien fort célèbre en
France et connu sous le nom de *Beaujoyeulx :* « La
« reine Catherine de Médicis, à qui il avait été envoyé
« du Piémont, comme l'un des virtuoses les plus dis-
« tingués sur *le violon,* le nomma son premier valet de
« chambre et le mit à la tête de ses musiciens. Henri III,
« en lui confiant l'intendance de sa musique, le chargea
« de l'ordonnance des fêtes de la cour, place qu'il rem-
« plit longtems, avec beaucoup d'intelligence. On a
« imprimé le détail d'une de ces fêtes brillantes, sous
« le titre de : *Ballet comique de la royne, faict aux*
« *nopces de M. le duc de Joyeuse et de M*elle *de Vaude-*
« *mont,* Paris, 1582. » On a cru voir [1] dans ces deux
citations une contradiction, d'où l'on tirait la conséquence que Claudin Lejeune, au lieu d'être l'unique
auteur du ballet de *Cérès,* n'en avait été qu'un des
nombreux coopérateurs... Si l'on s'était donné la peine
de lire deux lignes de plus, on aurait vu dans Bonnet
lui-même, que « la *grande musique* du ballet était de
« Claudin, et que Baltazarini n'en composa que *les*
« *entrées.* » Le doute ne saurait donc exister à cet
égard; d'ailleurs où a-t-on vu que le ballet intitulé
Cérès et ses Nymphes et celui qui avait pour titre :
Ballet comique de la Royne! étaient une seule et même

---

[1] *Petites Affiches de Valenciennes,* première année.

œuvre? Pourquoi, au milieu des prodigalités et des munificences de la cour, Henri III n'aurait-il pas fait un double appel aux talens de Claudin et de Baltazarini? Etait-ce trop de deux *phénix* pour célébrer le mariage d'un des *mignons* du roi? Il y a plus : à cette double représentation ne se bornèrent pas les fêtes célébrées à cette occasion ; les bals, *les concerts*, les tournois, les mascarades durèrent quinze jours ; on dépensa plus de quatre millions ! D'Aubigné nous apprend qu'une tragédie de *Circé*, qu'il avait composée et dont la reine-mère n'avait pas voulu jusque-là permettre la représentation, à raison de la dépense qu'elle devait occasionner, fut jouée *pendant les fêtes qui eurent lieu à l'occasion de ce mariage*. Laissons donc, si l'on veut, à Baltazarini la gloire de l'invention du *Ballet comique de la Royne*, restituons-lui même celle d'avoir composé *les entrées* du ballet de *Cérès et ses Nymphes*, mais n'enlevons pas à notre Claudin Lejeune le mérite d'avoir mis ce ballet en *grande musique*, ce ballet que l'on peut regarder comme le premier opéra régulier joué en France.

C'est à l'occasion de ce ballet que Thomas d'Embry, son ami, rapporte l'anecdote suivante, que nous reproduisons avec plaisir et qu'on lira avec intérêt : « J'ai « quelquefois ouï dire au sieur Claudin Lejeune, qui « a, sans faire tort à aucun, *devancé bien loin tous les* « *musiciens des siècles précédens*, dans l'intelligence « de ces modes[1], (Phrygien et Hypophrygien), qu'il

---

[1] Les anciens n'ayant dans leur musique qu'une étendue très

« fut chanté un air, qu'*il avait composé* avec les par-
« ties, aux magnificences qui furent faites *aux nôces*
« *du feu duc de Joyeuse*, du temps d'heureuse mémoire
« de Henri **III**, roy de France et de Pologne, que Dieu
« absolve, lequel, comme on l'essayoit en un concert
« qui se tenoit particulièrement, fit mettre la main
« aux armes à un gentil-homme qui estoit-là présent,
« si qu'il commença à jurer qu'il lui estoit impossible
« de s'empescher de s'en aller battre contre quelqu'un ;
« et qu'alors on commença à chanter un autre air du
« mode sous-phrygien[1], qui le rendit tranquille comme
« auparavant. Ce qui m'a été confirmé encore depuis
« par quelques-uns qui y assistèrent, tant la modula-
« tion, le mouvement et la conduite des voix, con-
« joints ensemble, ont de force et de puissance sur les
« esprits...... »

bornée n'admirent d'abord que trois modes, dont les topiques avaient entr'elles un ton de distance. Le *Dorien* au grave, le *Phrygien* au milieu et le *Lydien* à l'aigu. Ils partagèrent ensuite ces tons en deux intervalles et augmentèrent de deux le nombre de leurs modes, l'*Ionien* et l'*Eolien*. — Ce système s'étant ensuite étendu à l'aigu et au grave, on établit de nouveaux modes qui tirèrent leur dénomination des cinq premiers en y joignant la préposition *Hyper* (sur) pour ceux d'en haut et la préposition *Hypo* (sous) pour ceux d'en bas. — Nous sommes persuadés que ce que les anciens appelaient *modes*, n'est que ce que nous appelons aujourd'hui *ton*, à l'exception que dans chaque mode on ne parcourait que l'octave, au lieu qu'aujourd'hui, dans nos tons, nous parcourons une bien plus grande étendue.

LABORDE (*Essai sur la Musique*, T. II, p. 29.)

[1] Le mode *Phrygien* excitait au combat, le *Dorien* avait un caractère sérieux et grave qui le rendait propre pour les sujets de religion ; le mode *Lydien* excitait à la volupté, à la molesse.

Rousseau (Dictionnaire de Musique.)

Nous ne pouvons douter qu'il n'y ait un peu d'exagération dans la manière dont cette anecdote est rapportée, mais si la saine critique se refuse d'en admettre toutes les circonstances, l'analogie qui existe entre elles et les observations des savans ne permet point de les rejeter entièrement. Qu'on nous permette, à ce sujet, une courte digression en faveur du but que nous voulons atteindre, c'est-à-dire pour restituer à notre concitoyen la part de gloire qu'on pourrait vouloir lui enlever.

Nous ne citerons que deux auteurs entre mille, deux écrivains dont on ne récusera certes pas le témoignage :

« Ce serait[1] une grande erreur de ne voir dans les effets de la musique sur notre imagination que des sensations factices, opérées par le préjugé..... Le médecin physicien et observateur reconnaît dans la musique des propriétés qui lui communiquent un pouvoir réel sur l'homme, quel que soit son état physique et moral, quel que soit le climat qu'il habite, quelles que soient ses mœurs et sa civilisation.

» La musique agit sur notre être comme tant de puissances qui nous environnent. Ici son pouvoir chez quelques sujets d'une constitution nerveuse est *indéfini*. J'ai vu des hommes de ce tempérament présenter les *phénomènes les plus extraordinaires* par suite de l'impression que faisait sur eux la musique. »

L'auteur, après avoir cité l'anecdote de Claudin

---

[1] Fournier-Pescay. (*Dictionnaire des Sciences médicales.*)

Lejeune, qu'il ne révoque point en doute, rapporte, à l'appui de son opinion, d'autres faits qui tendent à la corroborer :

« François Ier, dit-il, avait envoyé à Soliman II, plusieurs joueurs de flûte. Le Soudan s'intéressa d'abord vivement à leurs concerts ; mais s'étant aperçu que les soldats y *éprouvaient une émotion qui ébranlait leur courage*, il renvoya les musiciens dans leur patrie, après avoir brisé les instrumens. »

Les preuves qui attestent le pouvoir de la musique sur notre organisation et sur nos facultés morales sont si multipliées que l'on n'est embarrassé que du choix des exemples. Voici une anecdote historique que nous puisons à la même source et sur laquelle MM. Auber et Scribe ont trouvé le moyen de bâtir tout récemment un charmant opéra comique :

« Philippe V, roi d'Espagne, était atteint d'une aliénation mentale ; la reine, qui savait combien ce prince était sensible aux charmes de la mélodie, manda le célèbre Farinelli à Madrid, afin d'essayer si la voix enchanteresse du virtuose pourrait porter quelque amélioration à l'état déplorable de son époux. Un concert fut préparé dans l'appartement voisin de celui du roi. Farinelli s'y surpassa. Pendant son premier morceau, Philippe éprouva d'abord une surprise qui se changea en émotion. Le second air acheva de le transporter ; il ordonna qu'on lui présentât le nouvel Orphée, auquel il prodigua les éloges et les caresses ; il promit au musicien de lui accorder la grâce qu'il lui demanderait.

Farinelli, auquel on avait fait la leçon, supplia le roi de permettre qu'on le rasât et l'habillât (comme dans *la Part du Diable*) et de paraître ensuite à son conseil, chose dont il s'abstenait avec obstination depuis long-tems. Farinelli fut obéï. La santé du roi s'améliora incessamment, il *recouvra sa raison* en continuant d'entendre chaque jour les concerts du virtuose italien. »

Ecoutons maintenant l'un des musiciens les plus justement célèbres de notre époque, M. Hector Berlioz :

« Qui ne connaît la violente action des sons musicaux combinés de la façon la plus ordinaire, sur les tempéramens nerveux dans certaines circonstances?... Après un *festin splendide*, par exemple, quand, excité par les acclamations énivrantes d'une foule d'adorateurs, par le souvenir d'un triomphe récent, par l'espérance de victoires nouvelles, par l'aspect des armes, par celui des belles esclaves qui l'entouraient, par les idées de volupté, d'amour, de gloire, de puissance, d'immortalité; secondées par l'action énergique de la bonne chère et du vin, Alexandre, dont l'organisation d'ailleurs était si impressionnable, *délirait* aux accens de Timothée, on conçoit très bien qu'il n'ait pas fallu de grands efforts de génie de la part du chanteur pour agir aussi fortement sur cette sensibilité portée à un excès presque maladif.

» Rousseau, en citant l'exemple plus moderne du roi de Danemark, Eric, que certains chants rendaient furieux *au point de tuer ses meilleurs domestiques,* fait bien observer, il est vrai, que ces malheureux devaient être beaucoup moins sensibles que leur prince à la musique, autrement il eût pu courir la moitié du danger.... — Eh ! oui, sans doute, les serviteurs de S. M. Danoise étaient moins sensibles à la musique que leur souverain. Qu'y a-t-il là d'étonnant? Ne sait-on pas que le sens musical se développe par l'exercice? Que la sensibilité nerveuse est en quelque sorte le partage des classes élevées de la société, quand les classes inférieures, soit à cause des travaux manuels auxquels elles se livrent, soit pour toute autre raison, en sont à-peu-près dépourvues ?

» Cependant Rousseau, tout en ridiculisant ainsi ces récits de merveilles opérées par la musique antique, paraît, en d'autres endroits, leur accorder assez de croyance pour placer beaucoup au-dessus de l'art moderne cet art ancien que nous connaissons à peine et qu'il ne connaissait pas mieux que nous.

» Quoi qu'il en soit, en jetant seulement nos regards autour de nous, il sera facile de citer en faveur du pouvoir de la musique des faits certains dont la valeur est au moins égale à celle des anecdotes des anciens historiens.

» Combien de fois n'avons-nous pas vu à l'opéra, par exemple, aux représentations des chefs-d'œuvre de nos grands maîtres, des auditeurs agités de spasmes terribles, pleurer et rire à la fois et manifester tous les symptômes du délire et de la fièvre?

» Un jeune musicien provençal, sous l'empire des sentimens passionnés qu'avait fait naître en lui la Ves-

tale, de Spontini, ne put supporter l'idée de rentrer
dans notre monde prosaïque au sortir du ciel de poésie
qui venait de lui être ouvert ; il prévint par lettres ses
amis de son dessein, et, après avoir entendu deux fois
le chef-d'œuvre, objet de son admiration extatique,
pensant sans doute qu'il avait atteint la somme de
bonheur réservée à l'homme sur la terre, un soir, au
sortir de l'Opéra, il se brûla la cervelle......

» La célèbre cantatrice Mme Malibran, entendant
pour la première fois, au Conservatoire, la symphonie
en *ut mineur* de Beethoven, fut saisie de convulsions
telles qu'il fallut l'emporter hors de la salle. »

Un dernier exemple, et, cette fois, nous le de-
manderons à Rousseau lui - même, dont le scepti-
cisme, en fait de musique surtout, est suffisamment
connu. Nous lisons dans son *Dictionnaire de Musique*
(p. 569) :

« M. Tartini rapporte avoir entendu, en 1714, à
l'opéra d'Ancône, un morceau *récitatif* d'une seule
ligne et sans autre accompagnement que la basse,
faire un effet prodigieux, non - seulement sur les professeurs de l'art, mais sur tous les spectateurs :
« C'étoit, dit-il, au commencement du troisième acte ;
« à chaque représentation un silence profond dans tout
« le spectacle annonçoit les approches de ce terrible
« morceau. *On voyait les visages pâlir, on se sentoit*
« *frissonner et l'on se regardoit l'un l'autre avec une*
« *sorte d'effroi :* car ce n'étoient ni des pleurs, ni des
« plaintes ; c'étoit un certain sentiment de rigueur âpre

« et dédaigneuse qui troubloit l'âme, serroit le cœur et
« glaçoit le sang. »

L'émotion que faisaient éprouver aux soldats de
Soliman II les joueurs de flûte de François Ier, l'impression que faisait sur Ferdinand V la belle voix de
Farinelli, la fureur de ce roi de Danemark qui tuait
ses domestiques, cette lugubre histoire des suites d'une
représentation de la Vestale, tout cela ne nous porte-
t-il pas à croire à la presque réalité du récit de d'Embry? Pourquoi le courtisan de Henri III, au milieu
d'une cour brillante et sensuelle, à l'audition d'un air
de bravoure, n'aurait-il pas éprouvé cet accès de délire
qui lui faisait dire « qu'il lui estoit impossible de s'em-
« pescher de s'en aller battre contre quelqu'un...? »

Tout en admettant la possibilité d'un tel pouvoir de
la musique sur notre organisation, nous n'irons pas
jusqu'à prétendre avec J.-B. Porta que « des instru-
« mens faits avec le bois des plantes médicinales, *pro-*
« *duisent une musique empreinte des propriétés rela-*
« *tives à ces bois,* laquelle guérit les maladies où ils
« sont recommandés comme des moyens efficaces.... »
C'est là sans doute une plaisanterie délicieuse, mais
qui ne détruit en rien le système que nous défendons.
Selon nous, donc, le récit de d'Embry, pour être enta-
ché d'un peu d'exagération peut-être, n'en est pas
moins un fait acquis qui nous donne la mesure du
talent de C. Lejeune et qui pourrait justifier déjà en
quelque sorte la haute réputation dont cet artiste a joui
non seulement en France, mais encore en Europe.

Claude Lejeune conserva le titre de compositeur de la musique de la chambre du roi Henri III jusqu'à la mort de ce souverain. A l'avènement du Béarnais, il fut conservé dans ses fonctions jusqu'au moment où la mort vint terminer une carrière si glorieusement parcourue et si bien remplie. Il avait été l'ami de Du Caurroy qui était, lui, maître de chapelle de Henri IV.

L'embarras que nous éprouvions en commençant cette Esquisse pour déterminer d'une manière à-peu-près exacte l'époque de la naissance de ce célèbre musicien, se représente encore maintenant qu'il s'agit de fixer la date de sa mort. Cependant les quelques auteurs qui se sont occupés de notre Claudin, sont unanimes sur ce point, à savoir que la véritable date de la mort de cet artiste se trouve entre les années 1598 et 1603[1]. Un seul auteur a prétendu qu'après la déclaration de Louis XIII, datée du 15 Septembre 1612, qui défendait aux Réformés de s'assembler sans une permission expresse, Lejeune, qui était protestant, se retira de la cour et qu'il s'en alla en Hollande, où il mourut peu de tems après; mais ces renseignemens ne sont pas exacts, car l'ode de Thomas d'Embry, dont nous avons parlé plus haut, et qui est imprimée au commencement du recueil intitulé : *Le Printemps*, publié à Paris en 1603, a pour titre : *Ode sur la musique de* DÉFUNCT *sieur Claudin Lejeune*. D'un autre côté, comme on le verra plus loin dans la liste de ses ouvrages (sous le

[1] M. Fétis *(Biographie des Musiciens)*.

n° 8), Claudin était encore attaché à la musique de la
chambre du roi en 1598. Donc c'est dans cet intervalle
de cinq années qu'il faut placer la date de la mort de ce
compositeur. Selon toute probabilité , Claudin Lejeune
mourut à Paris.

Maintenant que le biographe a rempli son rôle tant
bien que mal , le rôle du critique commence; mais ici
encore les documens manquent. Des onze ouvrages
connus de Claudin , dont plusieurs ont eu jusqu'à huit
éditions, aucun ne se trouve dans les bibliothèques
publiques ou privées de notre contrée, et sans Laborde,
qui nous a heureusement conservé dans son *Essai sur
la Musique* deux morceaux de notre concitoyen (nous
les reproduisons à la fin de cette notice) et qui nous a
initié ainsi à sa manière de composer , nous en serions
réduit à accepter comme définitif et sans appel le jugement , par fois un peu sévère , que M. Fétis (qui s'y
entend très bien cependant) porte sur Claude Lejeune.
Voici ce qu'en dit cet érudit et savant écrivain dans sa
Biographie des Musiciens :
    « Examinant les fondemens de la grande réputation
    « dont Claudin Lejeune a joui en France , Burney
    « pense que cet artiste a été plutôt un musicien savant
    « et laborieux qu'un homme de génie (*A general his-*
    « *tory of music.* T. III , p. 266.) Mais c'est précisé-
    « ment le contraire qui est vrai. Quoique Lejeune ait
    « conservé dans quelques unes de ses productions les
    « formes canoniques et le style d'imitations fuguées des

« maîtres du XVIe siècle , il est souvent incorrect dans
« sa manière d'écrire. On trouve dans sa musique beau-
« coup de dissonances résolues par saut, d'enjambe-
« mens de parties, et de sauts de sixtes majeures dans
« les voix, qui indiquent des études légèrement faites
« dans l'art d'écrire ; mais *il y a du goût* dans le choix
« des motifs de ses chansons françaises et *une certaine*
« *élégance* dans celui des repos et des rentrées des diffé-
« rentes parties, en un mot plus d'instinct que de sa-
« voir. Au surplus le mérite de ce musicien a été exa-
« géré par les contemporains de la cour de France.....
« Les Psaumes à quatre parties de sa composition *ont*
« *eu beaucoup de succès* et l'on en a fait *plusieurs édi-*
« *tions* et *des traductions* anglaises et hollandaises à
« Paris, Genève, Leyde, Amsterdam, Londres, *etc.*

  « Ces Psaumes sont écrits presque tous en contre-
« point simple de note contre note, sur les mélodies du
« culte protestant placées dans la partie du Tenor,
« comme dans les Psaumes de Goudimel, mais ceux-ci
« sont mieux.....[1] »

Ce jugement porté sur un compositeur dont les
œuvres étaient répandues et recherchées en France, en
Angleterre, dans les Pays-Bas, en Suisse, sur un
compositeur à l'égard duquel on exerçait déjà la pira-
terie de la contrefaçon, dont on réimprimait les œuvres
un demi-siècle après sa mort, que ses contemporains
distinguaient au milieu de la foule des grands artistes

---

[1] Nous reproduisons plus loin, à la suite des deux morceaux
conservés par Laborde, un des Psaumes dont parle M. Fétis.

de l'époque, et à qui ils décernaient, sans conteste, le titre glorieux de *Phénix des Musiciens*, ce jugement, disons-nous, ne vous paraît-il pas un peu sévère? Le juge reconnaît sans doute implicitement que Claude Lejeune était un *musicien de génie*, qu'il y a *du goût* dans le choix de ses motifs et *une certaine élégance* dans celui des repos et des rentrées..... Mais ses contemporains, dit-il, *ont exagéré son mérite*..... — Quel intérêt si grand pouvaient donc avoir les contemporains de Claude Lejeune à agir ainsi? Que pouvait-il pour eux, lui simple artiste? Il n'était certes pas assez riche pour payer des flatteurs !

Nous trouvons d'ailleurs, dans M. Fétis encore, une nouvelle preuve du talent de notre compositeur ; nous lisons dans *les Curiosités historiques de la Musique* : « Depuis le règne de Louis XI, le goût des chansons « était tellement répandu que les compositeurs de mu- « sique d'église furent contraints de prendre pour thème « principal de leurs messes et de leurs motets, les motifs « des chansons les plus populaires et que cet usage se « conserva même en Italie, jusqu'après la mort de « Palestrina. Les motets français de Baïf, de Ronsard « et de quelques autres rimeurs étaient appelés *Chan-* « *sons spirituelles,* parce qu'on les chantait sur des « airs profanes. Il en était de même des Psaumes de « Marot ; ce poëte ne traduisit d'abord que trente « Psaumes en vers français ; ils les présenta à Fran- « çois Iᵉʳ, en 1536 ; ils eurent le plus grand succès ; « mais ce qui contribua le plus à leur fortune, fut la

« facilité que l'on avait de les chanter *sur des airs qui*
« *couraient la ville et que tout le monde savait à la*
« *cour.*

« Plus tard la traduction de ces Psaumes ayant été
« achevée par Théodore de Bèze, *des compositeurs ha-*
« *biles*, tels que Goudimel, Roland de Lassus, Claudin
« Lejeune et autres, mirent ces Psaumes en musique
« nouvelle à trois et quatre parties, et *les recueils qui*
« *s'en multiplièrent firent oublier la méthode de les*
« *chanter sur des airs populaires.* »

Que dire d'un homme qui vient ainsi, par le pouvoir
de son seul talent, changer des usages consacrés par de
longues années, imposer aux masses sa volonté artistique et qui, après s'être exposé, par conviction sans
doute, aux foudres de l'église romaine, ne craint pas,
par amour de l'art, de résister aux prescriptions sévères
et nettement formulées de Calvin ?...[1]

Voulez-vous enfin une preuve plus concluante encore
du mérite incontestable de notre Claudin Lejeune? C'est
sa présence même au milieu de la cour de Henri III ;
ce sont les faveurs dont on l'y comble, lui qui n'avait
pas craint de *profaner* son talent au point de mettre en

---

[1] « Il se faut donner garde que les aureilles ne soyent plus
« attentives à l'harmonie du chant que les esprits au sens spiri-
« tuel des paroles. Les chants et mélodies qui sont composées au
« plaisir des aureilles seulement comme sont tous les fringots et
« fredons de la papisterie, et tout ce qu'ils appellent musique
« rompue et *chants à quatre parties* ne conviennent nullement à
« la majesté de l'église et ne se peut faire qu'ils ne desplaisent
« grandement à Dieu. » Calvin (*Instit. Chrét.* Lib. III, chap.
XX, § XXXII).

musique les Psaumes séditieux de Clément Marot,
lui, huguenot enfin, vivant au milieu de la Ligue !
Comment expliquer cette espèce d'anomalie, si ce n'est
en disant que Claudin Lejeune, par son talent, s'était
placé si haut dans l'opinion générale, que toutes ces
discordes civiles et religieuses venaient expirer à ses
pieds.

Deux mots encore et nous terminons : Nous avons
cité Thomas d'Embry qui proclame que : « Claudin
« Lejeune a devancé bien loin tous les musiciens des
« siècles précédens... » Voici maintenant, entr'autres
citations, un quatrain qu'un poëte du tems a adressé à
notre concitoyen :

« Qui son esprit ne satisfait
« En tes chants si pleins de merveilles,
« S'il n'est un âne tout-à-fait,
« Il en a du moins les oreilles... »

Après cette citation nous n'osons rien ajouter.

NOMENCLATURE

DES

OUVRAGES CONNUS

DE

Claude LEJEUNE.

———

(Nous avons emprunté une partie de ces renseignemens à l'excellente Biographie des Musiciens *de* M. *Fétis et au* Manuel du Libraire *de Brunet.)*

———

1°. *Livre de* Meslanges *de C. Lejeune, à quatre, cinq, six et huit voix,* à Anvers, de l'imprimerie de Christophe Plantin, 1585, 6 vol. petit in-f°.

Il a dû y avoir une édition antérieure de cet ouvrage qui contient des *Chansons* françaises à quatre, cinq, six et huit parties; des *Madrigaux* italiens à quatre, cinq et six voix, des *Motets* latins à cinq, six et huit voix, et un *Echo* à dix parties.

Il a été publié une édition du même recueil à Paris, chez Pierre Ballard, 1607, 6 vol. in-4° obl.

2°. *Recueil de plusieurs* Chansons *et* Airs *nouveaux,* mis en musique par Cl. Lejeune. Paris, Adrian Leroy, et veuve Ballard, 1594, in-16 obl. Ce recueil est fort rare.

3°. DODÉCACORDE[1] *contenant douze Pseaumes de David, mis en musique selon les douze modes approuvez des meilleurs autheurs anciens et modernes, à deux, trois, quatre, cinq, six et sept voix, par Cl. Lejeune, Compositeur de la musique de la Chambre du Roy*, à la Rochelle, par Hierosme Haultain, 1598, 6 vol. in-4° obl. Les paroles de ces Psaumes sont tirées de la traduction française de C. Marot.

Cet ouvrage est un des meilleurs et des mieux écrits de Claude Lejeune; la forme des Psaumes est développée dans la manière des Motets italiens. On y trouve le portrait gravé en bois de Claude Lejeune déjà âgé, car la tête est chauve et la barbe blanche. Ce portrait a été reproduit au burin par Hawkins, dans son *Histoire générale de la Musique* (T° III, p. 204).

Il a été fait une deuxième édition de ces Psaumes, à Paris, chez Pierre Ballard, 1608, 6 vol. petit in-4° obl., et une troisième, à Paris, aussi chez Pierre Ballard, 1618, 6 vol. petit in-4° obl.

[1] *Dodécacorde* : c'est le titre donné en 1547, par Henri Glarean, à un gros livre de sa composition, dans lequel, ajoutant quatre nouveaux tons aux huit usités de son temps et qui restent encore aujourd'hui dans le chant ecclésiastique romain, il pense avoir rétabli dans leur pureté les douze modes d'Aristoxène, qui cependant en avoit treize; mais cette prétention a été réfutée par J.-B. Doni, dans son *Traité des Genres et des Modes*.
ROUSSEAU *(Dictionnaire de Musique.)*

4º. *Le* Printemps *de Claud. Lejeune, natif de Valentiennes, Compositeur de la musique de la Chambre du Roy, à deux, trois, quatre, cinq, six, sept et huit parties,* à Paris, chez la veuve R. Ballard, et son fils Pierre Ballard, 1603, 6 vol. petit in-4º obl.

Les vers de ce recueil sont de Baïf.

Il paraît que Lejeune avait laissé des pièces pour les autres saisons, car l'éditeur dit dans son avis au lecteur : « *Reste maintenant à te supplier de recevoir ce Prin-* « *temps avec ses belles et diverses fleurs, espérant les* « *fruitz des autres saizons que je te présenteray le plus* « *tot qu'il me sera possible...* » Cependant on ne croit pas que les autres suites aient été publiées.

5º. Missa *ad placitum, auctore Claud. Lejeune, cum quinque et sex vocibus,* Parisis, ex offic. Pet. Ballard, 1607, in-fº. Le *Kyrie,* le *Gloria* et le *Sanctus* sont à cinq voix ; le *Credo* et l'*Agnus* à six.

Cette Messe, nous l'avons dit plus haut, a été trouvée dans les papiers laissés par C. Lejeune.

6º. *Premier Livre contenant cinquante* Pseaumes *de David, mis en musique à trois parties par Claud. Lejeune, natif de Valenciennes, Compositeur en musique de la Chambre du Roy,* Paris, Pierre Ballard, 1607, 3 vol. petit in-4º obl.

Les deuxième et troisième livres de ces Psaumes à trois parties ont été publiés chez le même imprimeur en 1608, in-4º obl. « De tous les ouvrages de Lejeune,

« dit M. Fétis, c'est celui qui paraît avoir eu le moins
« de succès, car on n'en connaît point d'autre édition.»
Nous croyons que M. Fétis se trompe : les trois
livres de ces Psaumes ont été réunis en un seul et ont
formé une seconde édition complète de cet ouvrage sous
ce titre : *Les cent cinquante* Pseaumes *de David, mis
en musique par Claude Lejeune, natif de Valentiennes, etc.,* Paris, 1650, Robert Ballard, seul
imprimeur du Roy pour la musique.

Nous reproduisons, plus loin, le 82ᵉ de ces Psaumes.

7°. Airs *à trois, quatre, cinq et six parties, mis
en musique par Cl. Lejeune,* Paris, Ballard, 1608,
4 vol. in-16 obl.

Ce recueil, annoncé par Brunet, est excessivement
rare.

8°. *Les* Pseaumes *de Marot et de Théodore de Bèze,
mis en musique à quatre et cinq parties par Cl. Lejeune, natif de Valenciennes,* La Rochelle, J. Haultain, 1608, in-4°, première édition publiée par *Cécile
Lejeune,* sœur du compositeur, et dédiée au Duc de
Bouillon, prince de Sédan. Elle est fort rare.

Une deuxième édition a été faite à Paris, en 1613 ;

Une troisième à Genève, chez Jean de Tournes, en
1627, avec le portrait de Lejeune ;

Une quatrième à Amsterdam, en 1629 ;

Une cinquième à Paris, dont on avait ôté les Psaumes
à cinq, chez Ballard, 4 vol. petit in-4° obl. ;

Une sixième à Amsterdam, en 1633 ;

Et enfin, une septième à Leyde, chez Juste Livius, en 1635 ; voici la description que donne de cet ouvrage M. de Roquefort :

« *Les Pseaumes de David, mis en musique à quatre* « *et cinq parties, par Claude Lejeune,* PHÉNIX DES « MUSICIENS, *et rime françoise de Clément Marot et* « *Théodore de Bèze,* Leyde, Justus Livius, 1635, « in-12. »

« Après ce titre on trouve une planche gravée en bois représentant David à genoux, vis-à-vis une espèce de bureau et pinçant de la harpe. On lit au-dessus : *Les Pseaumes de David, mis en rime françoise par Clément Marot et Théodore de Bèze, avec la musique de Claude Lejeune,* PHÉNIX, *à quatre et cinq parties.*

« Au bas de la gravure se trouve cette inscription : A Leyde, chez Justus Livius, 1635.

« Après l'épître dédicatoire aux Membres des États-Généraux des Pays-Bas-Unis, et au verso de l'avis au chanteur, est le portrait de *Claude Lejeune, de Valenciennes,* 1598[1]. Il médite sur l'une de ses compositions. Ses armoiries sont pardevant lui à hauteur de sa figure. Elles consistent en une ruche entourée de quatre abeilles non compris celle qui entre dans la ruche. Au-dessous est cette devise : *Sic vos non vobis,* puis au bas on lit ces vers :

« En son escrit paroist le vif de son esprit, « Sa vraye forme, ainsy se void en son escrit. »

[1] C'est ce portrait que nous reproduisons en tête de cette notice.

La musique de Lejeune a été arrangée ensuite sur une traduction hollandaise et publiée sous ce titre : *Psalmen David's op vyf Stemmen*, door *Cl. Lejeune*, Schiedam, 1664, in-12, 5 vol.

9°. OCTONAIRES *de la Vanité et Inconstance du Monde, mis en musique à trois et quatre parties par Claude Lejeune, natif de Valenciennes*, à Paris, par Robert Ballard, 1610, 4 vol. in-4° obl. Cet ouvrage est un recueil de trente-six *Chansons* françaises, dont trois sur chacun des douze modes.

Il y a eu une autre édition imprimée chez le même, en 1641.

Et enfin, 10°. *Second Livre des* MESLANGES *de Cl. Lejeune, Compositeur de la musique de la Chambre du Roy*, Paris, Pierre Ballard, 1612, 4 vol. in-4° obl.

Ce recueil a été publié par Louis Mardo, neveu de Lejeune, et dédié à M. de la Planche, avocat au Parlement de Paris.

Une autre édition a été publiée à Anvers, en 1617. On trouve dans cette collection quinze *Chansons* françaises et sept *Madrigaux* italiens à quatre voix ; douze *Chansons* à cinq, deux *Canons* et cinq *Chansons* à six, deux *Chansons* à huit, deux *Psaumes* à cinq, un *Motet* à quatre voix divisé en six parties, un autre *Motet* à cinq, un *Magnificat* à quatre, cinq et sept voix, un *Motet* à dix, une *Fantaisie* à quatre, et enfin une autre à cinq.

A cette Nomenclature, nous ajouterons un Ouvrage qui n'a peut-être pas eu les honneurs de l'impression, mais dont l'existence ne peut être révoquée en doute, nous voulons parler du *Ballet de Cérès et ses Nymphes*, exécuté en 1581, aux nôces du duc de Joyeuse, dont la musique peut et doit être revendiquée pour *Claude Lejeune*, natif de *Valenciennes*, surnommé LE PHÉNIX DES MUSICIENS.

FIN.

MORCEAUX DE MUSIQUE

de

CLAUDE LE JEUNE,

Natil de Valenciennes,

Compositeur de la Musique de la Chambre des rois Henri III & Henri IV.

L'ambiti-eux veut touj.ʳˢ en haut tendre, veut tou-jours, en
L'am-bitieux veut tou jours en haut ten-dre veut - - - tou-
L'am-bi-ti-eux veut tou = jours tou-
L'am-bi-ti-eux veut tou-jours.
- - - haut ten = dre et adjouter honneur dessus honneur L'a =
-jours en haut ten = = dre et adjouter honneur dessus hon = neur L'a =
-jours en haut tendre et adjouter hon = neur dessus hon = neur L'a =
- - - en haut tendre et adjouter honneur dessus hon = neur L'a =
Ronde Noire vaut 2 Tems
-vare fend la terre pour y prendre le métal ri-che ou il fon = de son
-vare fend la terre pour y prendre le métal riche ou il - - fonde son
-vare fend la terre pour y prendre le métal ri = = che ou il - - fonde son
-vare fend la terre pour y prendre le métal riche ou il fon - - - de son
heur l'un - - - - tend - - - en - - - haut
heur L'un - - - - tend - - - en haut
heur et l'au - - - - tre tend
heur et l'au - - - - tre tend

L'un est contraire à l'autre ce nous sem
L'un est contraire à l'autre ce nous semble ce nous sem
= en = = = = = bas tend en bas
mais
.en = = = bas en bas
=ble
car à la fin ils
=ble
car à la fin ils
= pour ce la contrai = = res ne sont - - - pas car à la fin ils
mais pour ce la contrai = res ne sont pas car à la fin ils
se treuvent en = sem = ble mais pour cela contrai = res ne sont
se treuvent en = sem = ble mais pour ce la con = trai = res
se treuvent en = sem = ble
se treuvent en = sem = ble
= = pas car à la fin ils se treuvent en = sem = ble
ne sont pas car à la fin ils se treuvent en = sem = ble
car à la fin ils se treuvent en = sem = ble
car à la fin ils se treuvent en = sem = ble

Puis en mer haute un navire a-vi-soye
Puis en mer haute un
Puis en mer haute un Na-vire avisoy-e en mer
Puis en mer haute un na-vire a-vi-soy - - e
navire avisoy - - - e en mer hau-te un
navire avi - -soy - e un Na - - vi -
haute un Na-vire a-visoy - - e
Puis en mer hau -
- - - e Qui tout d'é-bène et
Na-vire a-visoy - - - e Qui tout d'é bène et
- re avisoye un navire a-vi-soy-e
un Navire a-vi - -soy - - e Qui tout d'é-
- te un Navire a-vi - soy - e Qui tout d'é-

blanc y-voire es-toit et blanc y-voire es-toit
-blanc y voire es-toit et blanc y
Qui tout d'é- -bene et blanc y-voire es-toit-
-bene et blanc y-voi- - -re es- -toit et blanc
-bene et blanc y-voire es-toit à
à voi- - - les d'or et les cor-
-voire estoit à voi- - - les d'or à voiles
à voi- - les d'or à voiles d'or à
y- -voire es-toit à voi- -les
voi- - -les d'or et
des de Soy- e Dous fut le
d'or et les cordes et les cor-des de soye. Dous fut
les cordes de soy-e les cordes de soy-e Dous
d'or à voiles d'or et les cordes de soy- e Dous
les cor-des de Soy- e. Dous fut

vent, la mer paisi - - - ble et Coy - - - - e,
le vent, la mer pai - - - - ble et Coy - - - - e, le
fut le vent, - - - - la mer paisi - ble et Coy - - e,
fut - - - le vent, la mer - - - paisible et coy - - e,
le vent, la mer paisible et coy - - - e, le
le Ciel par-tout clair se ma-ni-fes - - - toit;
Ciel - - - par-tout le Ciel par - - tout clair se ma-ni-fes -
le Ciel par-tout clair se ma-ni-fes-toit; la belle
le Ciel par-tout clair se mani-fes - - toit; la
Ciel par-tout clair se mani - - fes - toit; la bel - - le
la bel - - le nef pour sa char-ge par - - - -
- - - toit la belle nef pour sa char -
nef pour sa charge por-toit pour sa char - ge por-
belle nef pour sa char - ge portoit pour sa char - ge por - -
nef pour sa char - - ge por - - toit

-toit Riches tré-sors mais tempes-te mais tem-
-ge por-toit Riches tré-sors, mais tem-peste subite
-toit Ri-ches tré-'-sors, mais tem-peste subite en
-toit Ri-ches tré-sors mais tempeste su-bite en
Ri-ches trésors, mais tempeste su-bite
-peste subite en troublant l'air Cette mer tant s'ir-
en troublant l'air en troublant l'air cet--te mer
troublant l'air cette mer tant s'ir-ri-te Qué
troublant l'air en troublant l'air cet-te mer tant s'ir-ri-te que
en troublant l'air cet-te mer tant s'ir-ri-te
-rite que la nef hurt un roc ca-ché sous l'on-----de
tant s'ir ri-te O
la nef hurt un roc ca-ché sous l'on---de caché
la nef hurt un roc ca-ché sous l'on-de
que la nef hurt un roc ca--ché sous l'on-de

O grand fortu - - ne O cré - - ve cœur
grand fortu - - - ne
sous l'on - - de O grand for - - tu - -
grand for - - tu - ne O cré -
O cre - - - - ve
trop grief De voir périr en un mo -
cré - - ve cœur trop grief de voir périr en un mo -
- ne O cré - ve cœur trop grief de voir périr en un mo -
- ve cœur trop grief de voir périr périr en un mo -
cœur trop grief de voir périr en un mo -
- ment si brief la grand ri - chesse à nulle
- ment si brief la grand ri - chesse à nulle au - tre se -
- ment si brief la grand ri - chesse à nulle au - tre se - con -
- ment si brief la grand richesse à
- ment si brief

autre secon - - - de   la grand ri-
-con - de à nulle autre secon - -de   la grand ri-
- de   à nulle au - tre se - con - de la grand ri-
nulle au-tre se - con - de à nulle autre se- -con -de la grand ri-
la grand richesse à   nulle autre se -con - -de
chesse à nulle au - -tre se-con-de   la grand ri-
-ches - - - - -sea   nulle   autre - - - - - - - à
-ches - - - - - - - -sea nulle au-tre se - con - -
-ches - - - sea   nulle   au - - -tre à nulle au-
la   grand ri ches = sea
-chesse à nulle au - tre se - - con - - - - -dé
nulle   au - - - tre se - -con - - -dé
- de à nulle   au - tre se - -con - - - - dé
-tre se - -con - de   dé
nulle   au - -tre se - - -con - - - de

LES CENT CINQUANTE PSEAUMES DE DAVID,

mis en musique à quatre et cinq parties

par CLAUDE LEJEUNE, natif de Valentiennes, etc.

82me Pseaume.

NOTA. Nous ne croyons pas devoir reproduire exactement la notation originale de ce Pseaume, car cette notation diffère de la notre en ce sens qu'à cette époque, il n'y avait point de barres ou divisions de mesures, puis, la Musique n'y est pas écrite en partition; chaque partie, à cette époque, était imprimée sur un cahier à part. Nous avons conservé la forme des notes, lesquelles, au lieu d'être rondes comme dans la Musique moderne, sont en forme de lozange.

sider com = me Dieu. Jus = ques à quand, juges ini =
ques, ferez = vous jugements o = bliques, et veris ces mé =
chants de cœ = veurs use = rez vous de vos faveurs.

www.ingramcontent.com/pod-product-compliance
Lightning Source LLC
Chambersburg PA
CBHW051248030726
47595CB00003B/1143